AF596418

ÉVOLUTIONS

DES

CAVALERIES ÉTRANGÈRES,

PAR

LE DUC D'ELCHINGEN,

Lieut.-Colonel du 5e dragons.

CAVALERIE ANGLAISE.

Extrait du Spectateur Militaire.

1844

PARIS. IMPRIMERIE DE BOURGOGNE ET MARTINET, RUE JACOB, 30.

ÉVOLUTIONS

DES CAVALERIES ÉTRANGÈRES.

Il est incontestable que depuis quelques années notre cavalerie est en progrès. Barrage des chevaux, réforme et nouvelle installation des écuries, instruction individuelle, voltige, dressage ; on s'est occupé de tout avec attention et succès. De nouvelles selles, un paquetage moins élevé et moins lourd ont été étudiés et longuement essayés. Sous peu de temps nous profiterons de ces essais. Il est probable que les améliorations ne s'arrêteront pas là, et que l'on s'occupera aussi de revoir notre ordonnance de cavalerie, au moins en ce qui concerne les évolutions. L'expérience de quatorze années, les camps nombreux qui ont eu lieu, ont fait reconnaître des lacunes, des omissions, quelques fautes et des mouvements inutiles ou compliqués. Tôt ou tard on y apportera des *simplifications*, et je ne doute pas que le principe excellent de la proposition de M. le major Itier ne finisse par triompher de la force d'inertie qui s'oppose d'abord à tout changement.

Pour obtenir des résultats satisfaisants et complets on ne saurait réunir trop d'éléments de discussion ; il ne suffit pas d'examiner les différentes modifications qui ont été proposées ou d'étudier le passé.

En général, presque tous les officiers qui ont traité des questions de tactique de cavalerie ont jeté les yeux sur les anciens auteurs depuis Xénophon jusqu'à Melfort; les contemporains ont été laissés de côté. Cependant, de magnifiques et nombreuses cavaleries manœuvrent à nos frontières. Si nous faisons la guerre un jour, nous les aurons devant nous ou à côté de nous : n'y a-t-il pas un grand intérêt à étudier leurs mouvements ? Nous y trouverons peut-être d'utiles indications, et quelque chose à imiter; peut-être tirerons-nous, au contraire, une autre conclusion de cette étude. C'est qu'en cela comme en autre chose, nous marchons les premiers. Nous y verrons que la cavalerie française a été étudiée et copiée par les étrangers, et que nos réglements ont été pris en grande considération par les autres puissances. Celles qui ne nous ont pas imités ont conservé des mouvements bizarres et compliqués, qui doivent les classer fort mal au point de vue restreint de la tactique élémentaire.

Je me proposais de faire un travail *complet* sur ce sujet, si important selon moi, mais d'autres occupations et des difficultés réelles s'y sont opposées. Nos bibliothèques militaires sont vides ou à peu près ; point de traductions des réglements étrangers ; les originaux manquent. On ne trouverait pas à Paris un réglement de cavalerie russe. Une seule bibliothèque, qui par un malheur si fatal à la France n'a pas été complétée, m'a fourni plusieurs réglements étrangers. J'en donne ici le résumé comme spécimen de l'étude qu'il serait, je crois, utile de faire en ce genre. Je ne m'occupe que des évolutions comparées aux nôtres; mais que de choses curieuses et intéressantes on trouverait aussi pour l'instruction individuelle et le dressage des chevaux ! Que de fruit on retirerait d'un voyage militaire à l'étranger, non pour assister seulement à de grandes manœuvres, mais pour suivre avec soin l'instruction dans ses détails! On en rapporterait, soit des méthodes nouvelles, soit au moins (et ce résultat est le plus probable) la conviction que nous faisons aussi bien que partout ailleurs, et mieux qu'en beaucoup d'endroits. Ce que j'ai vu des cavaleries étrangères m'a donné cette croyance, sur presque tous les points; je ne crois pas inutile de le dire, et de rappeler, avant de parler de la cavalerie anglaise, ce que Napier a dit de la nôtre.

« The result of a hundred battles and the united » testimony of impartial writers of different nations » have given the first place, amongst the Europea » infantry, to the British; but in a comparaison be » tween the troops of France and England, it would b » injust not to admit that the cavalry of the forme » stands higher in the estimation of the world (1). »

NAPIER.

(1) L'issue de cent combats et le témoignage d'écrivains impartiaux ont donné à l'infanterie anglaise la première place parmi celles des autres nations; mais en comparant les troupes de France et celles d'Angleterre, il serait injuste de ne pas reconnaître que la cavalerie française l'emporte sur la cavalerie anglaise.

(NAPIER, *Histoire de la guerre de la Péninsule*, traduction du général Dumas, tome V, page 327.)

Les douze Évolutions de cavalerie comparées à celles de la cavalerie anglaise.

L'ordonnance sur l'instruction et *les mouvements* de la cavalerie est du 30 janvier 1833. Quoique cette date soit postérieure à celle de notre ordonnance, les officiers chargés de la nouvelle rédaction anglaise ne l'ont ni copiée ni même étudiée.

Quoique brièvement et clairement détaillée, l'instruction ne suit pas une progression rationnelle ; il n'y a ni école de peloton ni école d'escadron.

L'escadron-type a peu d'étendue; il est généralement de 36 files. C'est le nombre adopté dans les planches; quelquefois, mais rarement, on le suppose de 48.

L'escadron se divise en deux fractions de troupe, *troops* (ce sont nos deux divisions), *right* et *left troop* (division de droite et de gauche). Elles doivent toujours occuper la même place dans l'escadron ; leur inversion doit être soigneusement évitée.

Cette première fraction se subdivise en deux, le quart de l'escadron, et prend le nom de *division* (notre peloton). Il est rare que l'on fasse usage de cette fraction de troupe pour manœuvrer.

Il n'y a que trois officiers sur le front de l'escadron :

1° Le *squadron leader*, capitaine commandant ;

2° Les deux *troops leaders*, chefs de divisions (1). Les autres officiers à la suite, *non commissioned* sont en serre-file, comme aussi le *squadron serre-file*, capitaine en second.

(1) Pour plus de clarté j'appellerai toujours division, en suivant l'usage français, la moitié de l'escadron que les anglais nomment *troop*.

Les deux trompettes sont en serre-file derrière les ailes de leur escadron, et le suivent dans tous ses mouvements (1).

La position des officiers en colonne est à peu près la même qu'en France. Les chefs de division sont vis-à-vis la 2e file du côté du guide.

Les doublements et dédoublements d'un escadron, ou des escadrons dans le régiment ont lieu d'après les mêmes principes qu'en France, soit pour arrêter ou pour augmenter l'allure. Mais les fractions de troupe vont prendre leurs places par un mouvement *oblique individuel* et non par des conversions.

Les mouvements de flanc et les déploiements de colonnes ont lieu par trois.

Le demi-tour se fait par trois à droite, au commandement : *Threes about*. On se remet face en tête par le demi-tour opposé au commandement : *Front*.

Le régiment est formé de deux ou trois escadrons; l'ordonnance en suppose ordinairement trois. L'ordre en bataille et l'ordre en colonne sont à peu de chose près semblables aux nôtres.

L'allure est toujours indiquée par une sonnerie du trompette qui suit le commandant du régiment (*commanding officer*) (2).

On indique l'allure du pas. D'après la sonnerie les

(1) Cette prescription me semble indispensable à introduire en France : lorsqu'un escadron envoie des tirailleurs, il n'a jamais de trompettes à sa portée, il faut en envoyer chercher un ou deux suivant le besoin au peloton des trompettes qui se tient fort inutilement groupé en arrière de la ligne, etc.

(2) Ceci est généralement adopté maintenant, au moins pour une brigade.

capitaines commandants commandent : *Walk*, *Trot* ou *Gallop*.

Les conversions se font au trot.

L'ordonnance indique les mouvements de pied-ferme ; mais ils doivent se faire tous aussi en marchant (1). La ligne est tracée moins loin que nous ne faisons.

Dans les déploiements à une longueur de cheval.

A trois longueurs dans les autres mouvements.

On doit éviter les inversions ; si cependant elles sont indispensables, on aura soin de ne pas intervertir les divisions dans l'escadron (2). Les pelotons et les divisions doivent être toujours en ordre naturel.

La colonne serrée est un moyen de rassembler la cavalerie dans un petit espace ; on ne doit pas l'employer pour manœuvrer devant l'ennemi (3).

Elle se compose toujours d'escadrons lorsque ceux-ci ont moins de 48 files. Elle peut aussi, suivant les terrains et les circonstances, se former de divisions ou de pelotons ; dans ce cas, les chefs de division se portent sur le flanc (4).

La colonne par escadron doit être toujours serrée en masse avant de faire aucun mouvement.

Les déploiements sur le dernier escadron en mar-

(1) Ainsi on se forme en avant en bataille, et l'on continue à marcher, mouvement qui nous manque tout-à-fait et qui est cependant indispensable pour exécuter le changement de front d'une brigade en marchant.

(2) Nous verrons plus loin les moyens bizarres que l'on emploie pour éviter cette effrayante inversion.

(3) Voir de bons pr[illegible]

(4) Je crois qu'il serait [illegible] préférable que dans tous les cas les chefs de peloton ou de division fussent sur le flanc à hauteur de la distance entre les pelotons.

chant par le flanc doivent être fréquemment exécutés aux évolutions de régiment, attendu qu'ils sont toujours nécessaires lorsque plusieurs régiments manœuvrent ensemble (1).

Les déploiements en marchant ont toujours lieu en doublant l'allure.

La colonne avec distance se nomme colonne de route lorsqu'on n'observe pas exactement les distances; dans le cas contraire, c'est la colonne de manœuvre.

On devra avoir grand soin de rompre par la gauche lorsqu'il est probable qu'on se formera à droite.

Les formations de toutes sortes, et surtout les en-avant en bataille, doivent souvent, et de préférence, avoir lieu obliquement; la division de base prend la direction indiquée, et les autres se règlent sur elle (2).

On ne se formera pas obliquement sur le flanc ou sur le prolongement du flanc d'une troupe; il vaut mieux faire faire un changement de direction à la colonne et la formation ensuite.

Le commandant du régiment, après avoir commandé: *Form line to the front* (en avant en bataille) doit indiquer le côté du développement par le commandement : *Left forward* (à gauche en avant) (3).

On fait prendre du terrain à droite ou à gauche par des à-gauche et des à-droite par trois.

Ce résumé des principes généraux suffit pour com-

(1) C'est ce qui a été tout-à-fait oublié dans notre Ordonnance.

(2) Voici un bien bon principe, aussi négligé dans notre Ordonnance qui fait toujours manœuvrer carrément; principe dont M. le général Dejean a recommandé l'application.

(3) Voici l'application de la proposition de M. le major Itier : *vers la gauche* — en avant en bataille, etc.

prendre l'exécution des évolutions (*movements*) qui sont classées en trois dispositions principales.

Vingt mouvements appartiennent à la première disposition principale, ce sont ceux que peut exécuter un régiment en bataille.

Six à la deuxième, ce sont ceux d'une colonne serrée.

Dix-sept à la troisième, ceux d'une colonne avec distance.

Je pense que pour se faire une idée plus nette de ces différents mouvements il vaut mieux les classer dans l'ordre reçu par nous ; je vais donc prendre nos douze évolutions et indiquer les moyens anglais de les exécuter, sauf à signaler, à la suite, les lacunes de l'un ou de l'a utre côté.

Comparaison des Évolutions françaises et anglaises.

1re *Évolution.*—FORMER LE RÉGIMENT EN COLONNE SERRÉE.

Pour faire face à droite ou à gauche ce mouvement n'existe pas.

Sans changer de front le mouvement se fait par trois.

On indique si la droite ou la gauche doit être en tête (1).

Close column on the second squadron right in front.

2e *Évolution.* — PASSER DE L'ORDRE EN COLONNE AVEC DISTANCE (colonne par divisions) A L'ORDRE EN COLONNE SERRÉE PAR LA FORMATION SUCCESSIVE DES ESCADRONS.

Form close column.

(1) Comme dans l'infanterie et comme le propose M. le major Itier.

La division de droite (1) se porte en avant trois longueurs de cheval, celle de gauche oblique à gauche par un mouvement oblique individuel.

Left troop left incline (division de gauche oblique à gauche). Elle se redresse au commandement: *Forward* (en avant).

Les autres divisions marchent droit devant elles, et, en arrivant à leur distance, exécutent le même mouvement.

Si on est en marche, la première division continue à marcher, les autres prennent le trot.

CONTRE-MARCHE.

Pour exécuter la contre-marche, le premier rang fait à droite par trois; le second, à gauche par trois; les deux rangs se mettent en marche, tournent, viennent échanger leurs places respectives, font face à la nouvelle direction et s'alignent.

PELOTONS (ou divisions) DEMI-TOUR A GAUCHE.

On commande :

The column will countermarch by the wheel about of troops, c'est-à-dire contre-marche par conversions de divisions.

Ce mouvement, si facile en France, est excessivement compliqué et bizarre pour éviter l'inversion.

Les divisions de gauche se portent quelques pas en avant et arrêtent.

Les divisions de droite font demi-tour à droite par trois.

Les divisions font face de côtés opposés.

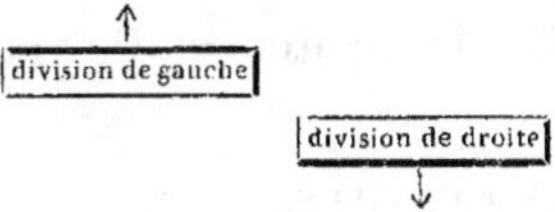

(1) Les divisions se nomment toujours divisions de droite ou de gauche, et gardent toujours leurs places respectives dans l'escadron.

Toutes les divisions font, par une conversion à point fixe, demi-tour à droite. La division de droite se trouve ainsi en arrière de la place qu'occupait celle de gauche.

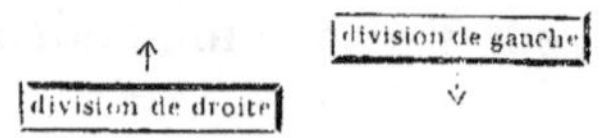

Elles font face de côtés opposés.

La division de droite fait : *Front* (demi-tour à gauche par trois), les deux divisions font alors face du côté opposé à celui vers lequel on marchait précédemment, la division de gauche se porte en avant, s'aligne, et le mouvement est enfin terminé.

CHANGEMENT DE DIRECTION DE PIED FERME (à gauche).

The column will change front to the left.

Le mouvement se fait par la droite, par trois pour tous les escadrons, y compris le premier, comme on fait dans l'infanterie.

3e *Evolution.* — A GAUCHE EN BATAILLE.

Left wheel into line.

Se fait comme en France ; on recommande de l'exécuter en marchant.

A DROITE ORDRE INVERSE EN BATAILLE.

Form inverted line to the right on the head of squadrons (former la ligne intervertie à droite sur la tête des escadrons).

Pour éviter la terrible inversion :

La division de droite de chaque escadron fait à droite, celle de gauche marche droit devant elle, passe derrière celle de droite, et fait sur la droite en bataille.

SUR LA DROITE EN BATAILLE.

To the reverse flank right form line.

Se fait comme en France.

SUR LA GAUCHE ORDRE INVERSE EN BATAILLE.

Form inverted line to the left on the first squadron (former la ligne intervertie sur la gauche du premier escadron).

D'après les mêmes principes que ci-dessus.

Le 1er escadron fait à gauche en bataille; le 2e escadron marche droit, passe derrière le 1er; lorsqu'il l'a dépassé, et quand il est arrivé à sa distance, il fait également à gauche en bataille; il en est de même du troisième.

4 *Evolution.* — EN AVANT EN BATAILLE.

Form line to the front, se fait comme en France. Le commandant du régiment indique le côté du développement par le commandement : *Left forward* (à gauche en avant) (1).

EN AVANT ORDRE INVERSE EN BATAILLE.

Form inverted line to the front.

Dans ce mouvement, pour éviter l'inversion des divisions, les escadrons n'agissent pas d'une manière uniforme.

Le 1er escadron se forme en avant en bataille, en se développant à gauche.

Le 2e et le 3e font tête de colonne à droite, marchent carrément dans cette nouvelle direction parallèlement à la ligne de bataille, et lorsqu'ils arrivent vis-à-vis la place qu'ils doivent occuper, les divisions font à gauche, et se portent en bataille à hauteur du 1er escadron. Les escadrons sont intervertis, mais les divisions sont en ordre naturel dans les escadrons.

5e *Evolution.* — SUR LA QUEUE DE LA COLONNE FACE EN ARRIÈRE EN BATAILLE.

(1) Proposition Itier : *vers la gauche* — en avant en bataille. Ce mouvement se fait aussi sans arrêter.

[illegible]

S[illegible]

[illegible]

N[illegible]

[illegible]

[illegible]

L[illegible]

Toutes [illegible] le front. [illegible]

[illegible]

[illegible]

S[illegible] France

[illegible]

[illegible]

[illegible] bataille.

[illegible]

Un [illegible]

SUR LE 2e ESCADRON EN AVANT EN BATAILLE.

Form line to the front on the second squadron.

La division de formation marche trois longueurs de cheval en avant ; celles en arrière exécutent le mouvement d'en avant en bataille ; celles en avant font : 1° divisions quart d'à gauche ; 2° demi-tour à droite par trois, en avant ; puis, lorsque leurs droites arrivent à hauteur de la place qu'elles doivent occuper, demi-droite en avant, halte sur la ligne et front, faisant face en tête par le demi-tour à droite.

SUR LA QUEUE DU 2e ESCADRON FACE EN ARRIÈRE EN BATAILLE.

Form line to the rear on the second squadron.

Le 1er et le 2e escadron font divisions demi-tour à gauche, et exécutent le mouvement comme nous.

Le 3e fait à droite par trois, et chaque division va prendre sa place sur la nouvelle ligne par des changements de direction.

PAR LA QUEUE DE LA COLONNE A GAUCHE EN BATAILLE.

Form line to the left on the third squadron.

Le mouvement se fait comme en France, seulement la ligne est tracée à trois longueurs de cheval.

PAR LA QUEUE DE LA COLONNE A DROITE ORDRE INVERSE EN BATAILLE.

Form inverted line to the right on the third squadron.

Comme nous.

Pour se remettre en ordre naturel.

ESCADRONS DEMI-TOUR A GAUCHE.

Squadrons right about wheel.

Le mouvement se fait de préférence par la droite.

SUR LA DROITE EN BATAILLE.

Ne se fait pas en colonne serrée.

7e *Evolution.* — DÉPLOYER UNE COLONNE SERRÉE.

sa hauteur. L'escadron de formation a fait ainsi face en arrière, et est resté en ordre naturel.

Le 1er escadron fait demi-tour à droite par trois en avant, et halte à quatre longueurs de cheval ; puis, divisions à droite, marche, en avant; il passe devant l'escadron de formation, et se forme sur la droite en bataille par division, et se remet face à la nouvelle direction par le demi-tour par trois.

Le 3e escadron fait divisions à droite, en avant, et après avoir passé derrière l'escadron de formation sur la droite en bataille (1).

PELOTONS A DROITE.

Se fait comme nous. On commande : *Prenez du terrain à droite. Take ground to the right. Troops right wheel*, etc.

PELOTONS DEMI-TOUR A DROITE.

Si l'on ne veut pas employer la contre-marche sur le centre, on peut faire face par inversion en arrière, mais toujours avec la condition de conserver l'ordre des divisions dans chaque escadron. On commande :

Inverted line to the rear by the wheel about of troops. Ce serait ordre inverse en arrière, divisions demi-tour à droite.

Les divisions de droite se portent en avant, une distance égale à leur front. Elles font alors demi-tour à gauche, et pendant ce temps les divisions de gauche font demi-tour à droite : celles-ci arrêtent; les premières se portent en avant après la conversion, et arrêtent à hauteur des secondes.

Les escadrons se trouvent ainsi en ordre inverse face en arrière; mais les divisions sont en ordre naturel dans les escadrons.

(1) Il est, je crois, difficile d'inventer un mouvement plus confus, toujours à cause de l'épouvante causée par l'inversion.

Ce mouvement est celui le plus en usage; mais on peut aussi faire : Escadrons, demi-tour à droite (*Squadrons right about wheel*), ce qui s'exécute comme en France.

9e *Évolution.* — CHANGER LE FRONT DE LA LIGNE DE BATAILLE.

Dans ces mouvements, les divisions vont isolément pour leur compte ; les escadrons ne restent pas en colonnes compactes et formant unité comme en France.

CHANGEMENT DE FRONT OBLIQUE SUR L'AILE DROITE.

Change front half right.

1er escadron. — 1re division, demi à droite, marche, halte, alignement.
2e division, en avant, demi-droite en avant, halte, alignement.

2e et 3e escad. — Divisions, quart d'à droite, marche, en avant, demi-droite, en avant, halte, alignement.

CHANGEMENT DE FRONT SUR L'AILE DROITE.

Change front to the right.

1er escadron. — 1re division à droite, halte, alignement.
2e division demi à droite, marche, en avant, demi-droite, halte, alignement.

2e et 3e escad. — Divisions demi à droite, marche, en avant, demi-droite, halte, alignement.

CHANGEMENT DE FRONT EN ARRIÈRE SUR L'AILE GAUCHE.

Change front right back.

(Changement de front la droite en arrière).

3e escadron. — 2e division à droite.
1re division demi-tour à droite par

trois, halte, à droite, halte, front, alignement.

2e et 1er escad. — Demi-tour à droite par trois, halte, divisions demi à droite, marche, en avant, demi-droite, successivement, halte, front (par demi-tour, par trois), alignement.

Ce mouvement se fait obliquement par les mêmes moyens; l'on fait des demi à droite au lieu des à droite. Au commandement :

Change front half right back.

(Changement de front, la droite demi en arrière).

CHANGEMENT DE FRONT A DROITE SUR LE 2e ESCADRON.

Change front to the right on the second squadron.

2e escadron. — 1re division à droite.

2e division demi à droite, marche, en avant, demi-droite, halte.

1er escadron. — Demi-tour à droite par trois, division demi à droite, marche, en avant, demi-droite, halte, front, alignement.

3e escadron. — Divisions demi à droite, marche, en avant, demi-droite, en avant, halte, alignement.

Ce changement de front se fait aussi obliquement. On commande :

Change front half right on the second squadron.

Il se fait par les mêmes moyens; la division de base fait demi à droite, etc., etc.

10e *Évolution.* — MARCHER EN ÉCHELONS.

ESCADRONS PAR LA DROITE EN AVANT PAR ÉCHELONS.

Advance in echellon from the right.

Comme en France, le guide de chaque escadron se place à hauteur des officiers de son escadron et en arrière de la gauche de l'escadron qui précède, de manière à conserver toujours l'intervalle (à peu près ce qui se fait dans l'infanterie).

La ligne se reforme sur un escadron quelconque, l'officier qui le commande lève le sabre ; les escadrons de tête font demi-tour à droite par trois : ceux en arrière se portent en avant.

ESCADRONS PAR LA DROITE EN RETRAITE PAR ÉCHELONS.

Retire in echellon from the right.

Le mouvement se fait par trois et successivement dans tous les échelons ; ils ne se remettent pas face en tête comme en France.

11e *Évolution*. — PASSER LE DÉFILÉ.

Ce mouvement se fait comme en France en colonne double ; on peut former la colonne double et s'en servir pour d'autres usages. On commande :

Advance in double column from the centre right directs.

Le mouvement s'exécute par divisions généralement, mais aussi par pelotons si l'escadron était de 48 files.

Pour former la ligne en sortant du défilé on commande :

Form line to the front.

L'escadron de tête se porte en avant, les divisions de droite font demi-à-droite, marche, en avant, et se forment en avant en bataille. — Celles de gauche, demi-à-gauche, etc. — L'escadron de base marche trois longueurs de cheval.

Le mouvement français : *A droite et sur la droite en bataille*, s'exécute de la même manière au commandement :

Form line to the right.

Il n'est rien dit du passage du défilé en arrière.

12e *Évolution*. — PASSAGE DE LA LIGNE.

Se fait comme en France, mais par trois au commandement :

Advance by threes from the right of squadrons.

Il en est de même pour le passage en arrière. — Ces mouvements doivent servir à se mouvoir avec plus de facilité dans de mauvais terrains. Aussi l'on ne prononce pas les mots de *passage de la ligne* dans le commandement.

DE LA CHARGE.

Sans entrer dans les détails d'exécution pour exercer les troupes à la charge, le réglement anglais donne de bons principes.

Il recommande la poursuite de l'ennemi par les divisions des ailes en fourrageurs ; et si la charge est repoussée, que le ralliement se fasse par les ailes autour des flancs de la troupe de soutien. — Il doit toujours y avoir une troupe de réserve. — Jamais la cavalerie ne doit attendre un choc de pied ferme.

L'attaque en échelons doit être préférée à toute autre.

La formation de la colonne serrée à droite ou à gauche ;

Nos mouvements rapides pour faire face en arrière;

Sur la droite ou sur la gauche en bataille en colonne serrée ;

Les déploiements de colonne serrée en ordre inverse ou en échelons ;

Le passage du défilé en arrière ;

Ne sont pas indiqués dans l'ordonnance anglaise.

Plusieurs de ses mouvements ne se font pas en France, quelques uns cependant peuvent être fort utiles, et devraient être pris en considération et examinés avec soin dans le cas où l'on s'occuperait de réviser notre ordonnance.

Avant tout les formations obliques en avant en bataille ;

Les changements de front obliques en arrière ; (V. 9e *Évolution.*)

Les changements de front obliques sur le centre ;

Change front half right on the second squadron.

Le déploiement oblique d'une colonne serrée (V. 7e *Évolution*) difficile à faire par nous, parce que la distance entre les escadrons diminuant par les demi-conversions des escadrons, il n'y aurait plus la place nécessaire pour faire notre mouvement de déploiement (pelotons à gauche) que les Anglais exécutent par trois ;

La formation en ligne des échelons sur un escadron quelconque, au lieu de la faire toujours sur l'escadron le plus avancé. — Le passage de l'ordre en échelons à la formation d'une ligne oblique, au lieu de notre mouvement analogue qui est prescrit carrément (1).

Oblique line to the left (ligne oblique à gauche).

Les escadrons font demi-à-gauche, en avant, et lorsqu'ils sont en ligne se rapprochent de celui de droite, et reprennent leurs intervalles par un mouvement de flanc.

En adoptant ce mouvement si facile, il serait vrai alors que les échelons donnent la possibilité de se for-

(1) Je sais bien qu'il est possible de faire ces différents mouvements en prévenant les capitaines des mouvements particuliers à exécuter par leurs escadrons ; mais enfin notre Ordonnance se tait complètement à ce sujet.

mer en tous sens, ce qui n'est pas aujourd'hui, car les mouvements carrés sont les seuls prescrits par notre Ordonnance (1).

Je citerai enfin, pour mémoire, les mouvements suivants qui ne présentent pas, je crois, une grande utilité.

LES CHANGEMENTS DE POSITION.

By threes change position half right.

Le régiment ayant la position A B.

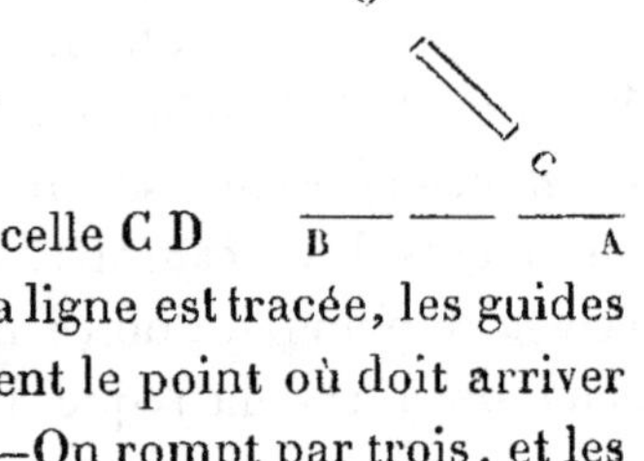

On veut lui faire prendre celle C D ou toute autre. — A cet effet la ligne est tracée, les guides de chaque escadron marquent le point où doit arriver la droite de leur escadron. — On rompt par trois, et les escadrons en colonnes partielles vont prendre leur nouvelle place de bataille.

ROMPRE PAR DIVISIONS EN ARRIÈRE A DROITE.

By threes, open column of troops to the right.

Ce qui s'exécute comme dans l'infanterie; chaque division rompt, à droite par trois, tête de colonne à droite, halte et front.

Le régiment est en bataille; le former en colonne avec distance en arrière de l'aile droite... (Changement de front en arrière sur l'aile droite, puis, pelotons à droite).

(1) Voir la note précédente.

Open column in rear of the right (colonne avec distance en arrière de l'aile droite).

Toutes les divisions, excepté la première, à droite par trois, tête de colonne demi à droite, vont se placer par colonnes partielles en arrière de celles qui précèdent.

CONTRE-MARCHE SUR LE CENTRE (*Voy.* 8e *Évolution*).

LA RETRAITE EN ÉCHIQUIER.

Retire by alternate squadron.

Escadrons pairs demi-tour à droite par trois, et marchant 100 pas en arrière.

Escadrons impairs demi-tour à droite par trois, etc.

Mais une ligne ne doit pas se retirer avant que l'autre ait fait face en tête.

On peut faire cette retraite par divisions lorsqu'il n'y a qu'un seul régiment. Dans une brigade, elle doit se faire par escadrons.

EN AVANT EN BATAILLE SUR LA DERNIÈRE DIVISION.

Form line to the front on the rear troop.

Toutes les divisions, excepté la dernière, font demi à gauche, halte, demi-tour à droite par trois, marche, en avant, et se redressent par demi-droite successivement en arrivant à hauteur de la place qu'elles doivent occuper, halte et front.

FAIRE PASSER LA DERNIÈRE DIVISION DE LA QUEUE A LA TÊTE DE LA COLONNE, LE RÉGIMENT ÉTANT EN COLONNE AVEC DISTANCE.

Rear of the column of the front.

La dernière division à droite par trois, marche en avant, et après être sortie de la colonne, halte, front, en avant.

L'avant-dernière fait le même mouvement, de manière à se placer derrière celle-ci, et la suit ; ainsi pour les autres.

Cet ancien mouvement de notre ordonnance.

La colonne avec distance étant arrêtée, et une portion de la colonne ayant changé de direction à gauche, on complète le mouvement par un à-droite par trois, dans les divisions restées dans l'ancienne direction ; elles se dirigent par colonnes partielles pour aller prendre leur place.

En résumé :

L'examen des évolutions de la cavalerie anglaise doit nous donner la conviction complète de notre supériorité tactique.

Je pense que l'étude du réglement autrichien qui va suivre nous confirmera dans cette opinion.

Le duc d'Elchingen.
Lieut.-colonel du 5e dragons.

www.ingramcontent.com/pod-product-compliance
Lightning Source LLC
LaVergne TN
LVHW052026160826
845678LV00003B/1223

* 9 7 8 2 3 2 9 6 4 6 1 4 5 *